मैं कौन हूँ?

शुभ चटर्जी

ISBN 979-888521865-8

क्रम-सूची

क्रम-सूची

किताब और उसके लेखक के बारे में

इस किताब के लेखक का नाम है शुभ चटर्जी। और मैंने ये किताब आम आदमी के ज़िन्दगी के ऊपर लिखा है क्यूंकि एक देश के प्रगति में एक आम आदमी की भूमिका बहुत अहम होती है। इस किताब को पढ़ने के बाद आपलोगों को एक आम आदमी के ज़िन्दगी के बारे में पता चलेगा, वो कैसे अपनी ज़िन्दगी जीता है, कैसे - कैसे परिस्थितियों का सामना करता है।

1

आम एक ऐसा फल है जिसे लोग बड़ी शौक से मज़े के साथ खाते है। आम को सारे फलों का राजा कहा जाता है। यानी कह सकते है की जितने भी फल है वो सब आम की इज़्ज़त करते है। अब आप सोच रहे होंगे की मैं आपको आम के बारे में क्यों बता रहा हूँ आपको तो ये सब बातें पता ही होंगी। बचपन से पढ़ते आ रहे है,सुनते आ रहे है। तो यह किताब आखिर है किसके बारे में? अब पूरी कहानी इसी पन्ने पर बता दूंगा तो फिर बाकी पन्नों पर क्या पढ़ोगे आप लोग? चलिए मिलते है अगले पन्ने पर।

2

अभी तक शायद आपने मुझे पहचाना नहीं होगा। पहचानोगे भी कैसे। मुझे याद ही कौन रखता है। मैं वो हूँ, जो हर दिन दुनिया की मार खाकर भी संघर्ष कर रहा हूँ और जिंदा हूँ। मेरी हालात भी एक आम के तरह ही है। जिस तरह से लोग आम खाकर गुटली फेंक देते है ठीक उसी तरह से मुझे भी अपना काम निकलवाकर फेंक दिया जाता है। वैसे तो मेरे बारे में सबको पता है लेकिन अब मैं ऐसे घुमा फिराकर बात कर रहा हूँ तो शायद आपलोग थोड़े वह अंग्रेजी में क्या बोलते है CONFUSION हाँ आपलोग शायद थोड़ा CONFUSION में है। चलिए मैं आपको एक और संकेत देता हूँ। मेरा भी नाम के पहले आम आता है। सोचिये सोचिये। अच्छा माफ़ करना मैंने आपको मेरे बारे में इस पृष्ठ पर भी नहीं बताया। अच्छा अगले पृष्ठ पर पक्का आपलोग मुझे पहचान लोगे।

3

मैं हूँ एक आम आदमी। जिसे आपलोग अंग्रेजी में Common Man कहते है।आम आदमी का जीवन भी आम होता है, यहाँ आम का मतलब साधारण। मेरा जन्म भी किसी बड़े अस्पताल में नहीं हुआ था बल्कि एक साधारण सरकारी अस्पताल में हुआ। पता नहीं क्यों शायद हो सकता है की पिताजी को इस बात की चिंता थी की अगर मेरा जन्म किसी बड़े अस्पताल में हुआ तो वहां का खर्चा पिताजी के 4 महीने के वेतन के सामान होंगी। इसलिए उन्होंने सोचा की मैं इस धरती पर एक सरकारी अस्पताल के माध्यम से आऊँ। चलो बच्चा अमीर घर में पैदा हुआ हो या गरीब घर में या एक आम आदमी के घर में, उसका चेहरा देखकर सबके चेहरे पर एक चांदी के सामान मुस्कान आ जाती है।

4

तो चलिए अब मेरा जन्म तो हो गया कैसे भी एक साधारण से सरकारी अस्पताल में। तो यहाँ से शुरू होती है एक आम आदमी की ज़िन्दगी। तो चलिए मेरी ज़िन्दगी के उस पढ़ाव पर जब मेरी उम्र 4 साल थी। एक ऐसा उम्र जब हमलोग पहली बार शिक्षा प्राप्त करने के लिए स्कूल जाते है। स्कूल एक ऐसी जगह जहाँ पर अमीर और गरीब घर के बच्चे एक साथ पढ़ते है। लेकिन ये तो बस बोलने वाली बात है या फ़िल्में और सीरियल में ऐसा दिखाता है लेकिन असल ज़िन्दगी में ऐसा नहीं होता। असल ज़िन्दगी में तो कुछ स्कूल ऐसे होते है जहाँ बस अमीर घर के बच्चों को ही शिक्षा प्राप्त होती है। गरीब घर या एक सामान्य घर का बच्चा अगर वहाँ शिक्षा प्राप्त करने जाता भी है तो स्कूल की फ़ीस का आकड़ा सुनते ही जैसे इंसान को दिल का दौरा पढ़ जाए। एक दिन मेरे माता - पिता मेरे शिक्षा के बारे में बात कर रहे थे।

5

अचानक टीवी पर एक स्कूल का विज्ञापन आते हुए, स्कूल का नाम डी.ए. वी अशोक पब्लिक स्कूल। टीवी पर स्कूल का विवरण कुछ ऐसे दिखा रहे थे की देख कर माता जी ने तुरंत बोला की हमारा बेटा तो अब इसी स्कूल से पढ़कर डॉक्टर या इंजीनियर बनेगा। बस फिर क्या पिता जी को उनकी बात माननी पड़ी। वो बोलते है ना की औरतों के सामने मर्दों की नहीं चलती। दूसरे दिन पिता जी स्कूल के बारे में पता लगाने गए, स्कूल कैसा है, कितनी फ़ीस लेते है स्कूल वाले। स्कूल बाहर से तो बढ़िया था पर जब पिता जी ने फ़ीस के बारे में पूछा तो उनको दिल का दौरा पड़ने ही वाला था, अच्छा हुआ नहीं आया।स्कूल का फ़ीस था ₹3000 महीने।

6

अब ज़रा सोच के बताइये की एक आम आदमी की महीने की वेतन कितनी होंगी? ये जवाब तो एक आम आदमी ही दे पायेगा। चलिए अब मैं जो इस किताब लिख रहा है वो भी तो एक आम आदमी ही है, तो मैं ही बता देता हूँ। एक आम आदमी मुश्किल से महीने में 10 से 15 हज़ार तक कमाता है। अब इस छोटी से कमाई में उसे पूरा परिवार संभालना है, बच्चों की स्कूल की फ़ीस, घर का रासन, बिजली का बिल, घर का किराया इत्यादि। अब इतने खर्चे के बाद वो पैसे बचाने के बारे में सोच भी सकता। ऊपर से बीवी के अलग खर्चे। लेकिन जैसा मैंने कहा था की हर माता - पिता अपने बच्चों के भविष्य को बनाने के लिए कुछ भी कर सकते है। पिता जी ने ठान लिया की अब मैं तो इसी स्कूल में पढ़ूंगा, अब चाहे उनको कितनी ही और मेहनत क्यों ना करनी पड़े।

7

पिताजी ने सारी बातें माँ को बताई, स्कूल की फ़ीस की रकम सुनकर तो माँ के भी होश उड़ गए। थोड़ी देर के लिए घर में थोड़ा सन्नाटा छा गया। फिर अचानक माता जी के दिमाग में एक विचार आया की अगर माँ और पिताजी दोनों काम करें और पैसा कमाए तो घर के खर्चे भी निकल जायेंगे और मेरी पढ़ाई में भी कोई दिक्कत नहीं आएगी। तो माँ ने सोचा की वो घर पर ही अचार बनाकर बाज़ार में बेचेगी। माँ की ये बात सुनकर पिताजी ने एक पल के लिए उनको मना करने का सोचा, लेकिन फिर उन्होंने मेरे चेहरे की ओर देखा और मेरे भविष्य का ख्याल करते हुए वो मान गए। बस फिर क्या माँ और पिताजी दोनों मेहनत करने लगे और इधर मैं भी खूब पढ़ाई करता और अपनी स्कूल की ज़िन्दगी जीता।

8

मेरे ज़िन्दगी में दो और मेहत्वपूर्ण शख्स के बारे में मैंने अभी तक शायद आपको नहीं बताया, माफ़ करना चलिए अभी बता देता हूँ।

तो वो दोनों है मेरे दादा और दादी जी। वैसे तो घर में सबसे ज़्यादा प्यार यही दोनों करते है मुझसे। बचपन में मेरे माता - पिता ने ज़्यादा खिलौने दिलाये नहीं लेकिन मेरी दादी ने हमेसा मेरी हर ज़िद को पूरा किया, हमेसा वो मुझे खिलौनो के दूकान में ले जाती और खिलौने खरीद कर देती। और हाँ दादाजी मुझे अपने साथ घूमने लेकर जाते। एक दिन की बात है, शाम को घर के बाहर खड़ा होकर मैं अपने दोस्तों को साइकिल चलाते हुए देख रहा था। अब मेरे पास तो साइकिल थी नहीं तो मैं बस उन्हें देख ही सकता था। तभी पिताजी के ऑफिस से आने का वक्त भी हो गया

9

पिताजी को शायद ये देखकर बुरा लगा होगा की मैं खड़े होकर अपने दोस्तों को साइकिल चलाते हुए देख रहा था। उन्होंने ये बात माँ को बताई। माँ को भी थोड़ा बुरा लगा। अगले महीने मेरा जन्मदिन था तो पिताजी ने सोचा की इसबार कुछ पैसे जमा करके, मतलब घर के खर्चे थोड़े कम करके उनके प्यारे बेटे यानी मेरे लिए एक साइकिल लिया जाए। और वही हुआ माँ और पिताजी ने एक महीने तक कोई भी फ़िजूल खर्च नहीं किया, अपने बेटे के ख़ुशी के लिए घर के खर्चे थोड़े कम किये।मुझे मेरे जन्मदिन पर जो पहला उपहार मिला वो माँ और पिताजी का था। मेरे सो कर उठते ही आँखों के सामने

10

एक नयी साइकिल खड़ी थी। पहले तो मुझे अपने आँखों पर विस्वास नहीं हुआ, पर मेरे चेहरे पर खुशी देखते ही माँ और पिताजी के चेहरे पर भी एक चांदी के जैसे चमक आ गयी। अब उस उम्र में मुझे क्या पता था पैसो का मूल्य। मुझे क्या पता था की माँ और पिताजी ने मेरे चेहरे पर ख़ुशी लाने के लिए कितनी मेहनत की होंगी। माता-पिता होते ही ऐसे है बच्चों के लिए अपने सपनो तक को भी क़ुर्बान कर देते है। जो भी हो अब नयी साइकिल चलाते हुए मुझे ऐसी ख़ुशी मिल रही थी जैसे एक रेगिस्तान में प्यासे को पानी मिल जाना। अब माता - पिता हम बच्चों के लिए इतना कुछ करते है तो हम बच्चों का भी फर्ज़ बनता है उनके लिए कुछ करने का, मैं चित्रकारी में बहुत अच्छा था तो मैंने अपने माता, पिता, दादाजी और दादीजी का एक चित्र बनाया, जिसे देखने के बाद सब बहुत खुश हुए और खुश होना भी

11

चाहिए, वो बोलते है ना की हम मध्यम वर्गीय लोग छोटे- छोटे चीज़ो में भी अपनी खुशियाँ ढूंढ ही लेते है। तो चलिए चलते है मेरी ज़िन्दगी में और थोड़ा आगे। वो समय जब मैं अपनी दसवीं के परीक्षा दे रहा था। पिताजी ने तो साफ - साफ कह दिया की अगर परीक्षा में अच्छे अंक नहीं आये तो घर से बाहर निकल जाना। अब उनका ऐसा कहना ठीक ही था, अब मान लीजिये कोई अमीर घर का लड़का है वो अगर ध्यान देकर पढ़ाई नहीं भी करता है तो भी चलता है क्यूंकि आगे जाकर तो उसे अपने पिताजी का व्यवसाय ही तो संभालना है। लेकिन हम मध्यमवर्गीय लोगो की उम्मीद अपने बच्चों से कुछ ज़्यादा ही होती है, क्यूंकि अगर हमें सरकारी नौकरी नहीं मिली या अगर हमें ज़िन्दगी में सफलता नहीं मिली तो माता - पिता के इतने सालों का मेहनत सब बेकार।

12

माता - पिता ने जितने पैसे आपके ऊपर खर्च किये सब बर्बाद। तो इसलिए हम मध्यमवर्गीय लोगो को ज़िन्दगी में सफल होना बहुत ज़रूरी है। तो जैसे-तैसे मेहनत करके मैंने दसवीं का परीक्षा पार किया।अंक तो अच्छे ही आये जिससे घरवाले खुश हो गए। ज़िन्दगी का एक और मज़ेदार किस्सा याद आ गया,जब बारहवी का परीक्षा देते ही नये कॉलेज में दाखिला लेने का काम शुरू हो गया। अब आप जैसा सोच रहे है यह काम उतना आसान नहीं होता। अगर आपको एक अच्छे कॉलेज में दाखिला लेना है तो बस अच्छे अंक आने से ही काम नहीं चलेगा, बहुत सारे कॉलेज में तो अच्छे अंक कोई मायने ही नहीं रखता, ऐसे कॉलेज में दान लिया जाता है यहाँ दान का मतलब वो अच्छा काम करने वाला दान नहीं बल्कि

13

जिन बच्चों के कम अंक आये अगर वो अमीर परिवार से है तो भी उनको अच्छे से अच्छे कॉलेज में दाखिला मिल जाएगा। अब आप सोच रहे होंगे कैसे तो कॉलेज प्रशासन को ऐसे बच्चों से एक बहुत बढ़िया मूल्य मिल जाता है। और इस दान को आपलोग अंग्रेजी में Donation का नाम देते है। ये donation देने से जो बच्चे लायक होते है या जो गरीब या मध्यमवर्गीय परिवार से होते है उनको मौका नहीं मिलता। और जिन बच्चों के कम अंक आये होते है या दूसरे शब्दों में बोल सकते है की जो लायक नहीं होते है, उनको मौका मिल जाता है। आसान शब्दों में इसे भ्रष्टाचार कहते है। वैसे आपलोगो को भ्रष्टाचार क्या होता है, ये तो पता ही होगा। रोज़ - रोज़ टीवी और अख़बार में पढ़ते होंगे, आज देश में किस व्यापारी या नेता ने कितने पैसे रिश्वत के रूप में खाये।

14

इस भ्रष्टाचार ने पता नहीं कितने लोगो की ज़िन्दगी बर्बाद की। और इन कितने लोगो में या तो गरीब लोग होते है या तो मध्यमवर्गीय लोगआम आदमी होते है। तो अब मैं भी इस भ्रष्टाचार का शिकार हुआ। मेरे बारहवी के परीक्षा में 85% अंक आये थे। फिर भी मुझे एक अच्छे कॉलेज में दाखिला नहीं मिला। जब मैं कॉलेज में दाखिला लेने गया तो मुझसे ये बोला गया की सीट ख़तम हो गयी है और अगर दाखिला लेना तो मुझे Donation देना पड़ेगा, वो भी कोई 10 या 15 हज़ार नहीं बल्कि पूरे 1 लाख। 1 लाख अब अगर मैं ये बात घर में बताता तो पिताजी या माँ को तो पक्का दिल का दौरा पड़ता ही। एक वक्त के लिए तो मुझे भी पड़ने वाला था। अब भला एक मध्यमवर्गीय आदमी जो मुश्किल से अपना घर चलता है वो donation के लिए 1 लाख कहाँ से देगा?

15

तो जैसे-तैसे करके मैंने एक दूसरे कॉलेज में दाखिला लिया। और घरआकर मैंने ये बोला की मेरे कम अंक आने के वजह से मुझे अच्छे कॉलेज में दाखिला नहीं मिला। माँ और पिताजी ने ज़्यादा तो कुछ बोला नहीं बस इतना की कहा की अब अच्छे से पढ़ाई करो, ज़िन्दगी में सफल इंसान बनो। मैंने पढ़ाई के साथ - साथ बच्चों को घर जाकर ट्यूशन देना शुरू किया, क्यूंकि अब माँ या पिताजी से पैसे माँगने में शर्म आती थी। भला माता - पिता और कितने पैसे खर्च करेंगे मुझपर। इसलिए मैं ट्यूशन पढ़ाता और अपने खर्च खुद उठाता और घर के खर्चों में थोड़ी मदद भी कर दिया करता। अब पढ़ाई, काम ये सब तो ज़िन्दगी में ज़रूरी है ही, लेकिन एक और चीज़ है जो ज़िन्दगी में करना ज़रूरी है और वो है प्यार।

16

अब ज़िन्दगी बिना प्यार के बिता देना, ऐसी ज़िन्दगी जीने में कोई मज़ा नहीं है। लेकिन अब जैसे टीवी और सीरियल में दिखाते है की किसी लड़की से प्यार करना आसान बात नहीं, उसे घूमने - फिराने में, होटल में खाना खिलाने में हमें अपने पैसो का बलिदान देना पड़ता है। और आप ही बताइये की अगर मैं किसी लड़की से प्यार भी करूँ तो मैं जो ट्यूशन पढ़ाकर पैसे कमाता हूँ वो तो पूरा इसी पर खर्च हो जायेंगे। तो फिर मेरे पास क्या बचेगा। इसलिए मैंने अपने आप को इससे दूर रखा। वो बोलते है ना की हम मध्यमवर्गीय लोग कोई भी काम करने से पहले उसके नतीजे के बारे में सोचते है। पिताजी मुझसे हमेसा एक बात कहा करते है की बेटा में तो अपनी ज़िन्दगी में उतनी पढ़ाई कर नहीं पाया

मुझे वैसी अच्छी नौकरी भी नहीं मिली लेकिन तुम्हे बहुत अच्छे से पढ़ाई करनी है और इतने पैसे कमाने है की ज़िन्दगी में कभी भी किसी भी चीज़ की कमी ना हो। हर माता - पिता ये चाहते है की उनके बच्चे उनसे भी ज़्यादा अपने ज़िन्दगी में सफल हो। एकबार की बात है राज्य में चुनाव शुरू होने वाले थे। चुनाव एक ऐसा समय जब नेता और मंत्री लोग पहले तो वोट लेने के लिए हज़ारो - लाखों झूठे वादे करते है जैसे की रोड बनवा देंगे, जगह- जगह पर शौचालय बनवा देंगे, पेट्रोल का दाम कम करवा देंगे। लेकिन जैसे ही चुनाव जीत जाते है वैसे ही गिरगिट के तरह अपना रंग बदल लेते है। पेट्रोल से एक किस्सा याद आ गया।

18

मेरा कॉलेज घर से लगभग 15 किमी की दूरी पर था। अब हर दिन साइकिल लेकर कॉलेज जाना फिर वापस आना, आप तो समझ ही सकते है कितना मुश्किल है। ऐसा लगता है की पैरों में अब जान ही नहीं बची है। तो मैंने सोचा की एक बाइक ले लिया जाए, नयी खरीदने के लिए तो बहुत पैसे लगेंगे तो क्यों ना सेकंड हैंड ही ले लिया जाए। मैंने इसके बारे में घर बात किया तो पिताजी बोले ठीक है मैं भी कुछ पैसे मिला दूंगा। तो मैंने एक सेकंड हैंड बाइक खरीद ही ली। अब आपसे उसका दाम क्या छुपाऊ कुछ 15-20 हज़ार रूपए तक लगे। अब साहब बस बाइक लेने से ही काम थोड़ी ना चलता है। जैसे हमलोगो को खाना और पानी की आवश्यकता होती है ठीक वैसे ही बाइक को भी पेट्रोल का ज़रूरत पड़ती है।

19

लेकिन पेट्रोल की जो कीमत उसमे मुझे कभी - कभी लगता है की मैंने बाइक खरीदकर बहुत बड़ी गलती कर दी। कभी 80 रुपये लीटर, कभी 100 रूपए लीटर तो कभी 120 रुपये लीटर। और ये दाम हर सप्ताह या हर महीने बदलते रहता है। पेट्रोल एक ऐसी चीज़ है जिसका दाम कभी कम नहीं होने वाला। ये तो अब हमलोग बस सोचते ही रहते है की काश पेट्रोल के दाम में कुछ कमी आये। लेकिन असलियत को तो कोई बदल नहीं पायेगा। कभी - कभी सोचता हूँ की काश ये परिवहन बिना पेट्रोल के चलते। क्या हमलोग पानी से बाइक या स्कूटर चला सकते है? वैज्ञानिको को इसपर प्रयोग करना चाहिए। चलिए पेट्रोल तो नाम से ही मशहूर है, एक और चीज़ है जिसकी कीमत बढ़ने के वज़ह से हमलोगो को बहुत मुश्किलों का सामना करना पड़ता है।

20

और वो चीज़ है रासन। रासन जैसे आटा, चावल, दाल इत्यादि। जब इनके दाम बढ़ते है तो भी हमलोगों को थोड़ा मुस्कुलों का सामना करना पड़ता है। अब जैसे कल की ही बात है मैं दूकान पर आटा और चावल खरीदने गया था, दाम सुनकर ऐसा लगा की चलो एक दिन का उपवास ही रख लिया जाए। लेकिन ये तो अब बोलने वाली बात है जिंदा। रहने के लिए खाना, पीना तो पड़ेगा ही आटा 1 किलो का 30 रूपये और चावल 1 किलो का 40 रूपये, यही आटा का दाम पिछले महीने 25 रूपए किलो था और चावल 35 रूपए किलो। अब ऐसे ही हर महीने दाम बढ़ते रहेंगे तो हम जैसे मध्यमवर्गीय लोगों का गुज़ारा कैसे होगा?

21

अब गरीब लोगों के लिए तो सरकार ने रासन कार्ड बनाया हुआ है और अमीर लोगों का तो बात ही छोड़ो। लेकिन हम मध्यमवर्गीय लोगों के लिए क्या? हम आम आदमी को रासन उसी दाम पर खरीदना पड़ता है जो दाम सरकार ने रखा है। अब कोई इस सरकार को समझाओ की हम लोगों भी रासन खरीदने में मुश्किले आती है, हमारे भी जेब पर असर पड़ता है। नहीं समझेंगे, जैसे मैंने अपने किताब के दूसरे पन्ने में बताया है की जैसे आम खाने के बाद गुटली फेंक देते है ठीक वैसे ही हम मध्यमवर्गीय लोगों को उपयोग करने के बाद फेंक दिया जाता है। तो चलिए मित्रों किताब को यही पर समाप्त करते है। क्यूंकि अब अगर हमारे बारे में लिखा जाए तो एक किताब भी कम पड़ जाएगी।

22

उम्मीद करता हूँ की आपलोगों को मेरी यह किताब पसंद आयी होंगी।
वैसे एक और बात इस किताब की कीमत बहुत ही कम
है, इतनी कम की कोई भी इसे खरीद सकता है।
शुभ चटर्जी